TES GUIDES SUR LE TERRAIN

L'auteur : Aymeric Jeanson

Après 30 ans passés à arpenter les terrains de rugby, il est devenu auteur pour les enfants. Une jolie manière de continuer à ressentir l'émotion que procure ce sport incroyable !

L'illustrateur : Antoine Brivet

Depuis tout petit, il est un vrai passionné de sports : tennis, cyclisme, escalade, volley, futsal, tir à l'arc… Pour ce qui est du rugby, il préfère le regarder… et le dessiner !

À Christophe et Julia pour leur confiance et leurs conseils avisés, et à toute ma famille R5 de l'Orsay Rugby Club !
A. J.

À ma famille qui me soutient chaque jour. Merci à l'équipe de Sens dessus dessous pour leur suivi sans faille.
A. B.

Conception graphique : Mélanie Guéret
Correction : Manon Le Gallo

Sens dessus dessous
Groupe Delcourt
8, rue Léon-Jouhaux
75010 Paris
sens-dessus-dessous.fr
editions-delcourt.fr

Nuart : 4963068
Dépôt légal : août 2023
ISBN : 978-2-38507-011-3
Première édition

Achevé d'imprimer au 3e trimestre 2023
sur les presses de l'imprimerie Estellaprint, Espagne

ma première série documentaire

LES SPORTS

LE RUGBY

Raconté par Aymeric Jeanson et Antoine Brivet

SENS DESSUS DESSOUS

Martin n'est pas encore sur le terrain, mais il transpire déjà. Sous le soleil, ses coéquipiers font face à l'équipe adverse. Pour l'instant, Martin est remplaçant. Le coup d'envoi est donné. Les enfants s'élancent. C'est parti pour 10 minutes !

–Je te ferai entrer en cours de jeu ! lui a dit l'entraîneur. Car le garçon vient juste de commencer le rugby : ce match, c'est son premier. Alors il observe avec envie… et un peu de peur, quand même.

Sa copine Mei s'est déjà débrouillée pour marquer un essai en déposant le ballon derrière la ligne d'en-but de l'équipe adverse. Mais soudain, un plaquage la renverse…

Un peu plus tard, la main de l'entraîneur se pose sur l'épaule de Martin :
–Ce sera bientôt à toi…

Un mois plus tôt, un mercredi de septembre… Martin et son père se rendent pour l'inscription au club-house, un bâtiment construit à côté du terrain. À l'intérieur, son père s'occupe de la licence, le papier qui autorise Martin à jouer. Le garçon intimidé rencontre son entraîneur, Tristan :
–Prêt pour ton premier entraînement, moussaillon ?

10 minutes plus tard, Martin est très concentré. Il porte un maillot violet, la couleur de son groupe qui s'entraîne à passer le ballon ovale. Soudain, quelqu'un lui sourit. C'est Mei, une fille de sa classe. Martin est soulagé : il n'est plus seul…

Les sourcils froncés, Mei va percuter épaule en avant
le bouclier de mousse. Une manière d'apprendre
à bien se positionner pour l'impact. Bouche bée,
Martin se dit qu'il a beaucoup à apprendre !

Au fur et à mesure, Martin se met à adorer le vestiaire, la pièce où il se change pour enfiler sa tenue de rugby. Ce jour-là, assis sur un banc, il a déjà mis ses affaires propres : short, maillot, protège-tibias et paire de chaussettes montantes. Avant de sortir, il vérifie qu'il a bien son protège-dents et son casque.

Mei lui a donné quelques astuces : glisser son protège-dents dans sa chaussette pour ne pas le perdre, mettre un coupe-vent sur son maillot quand il pleut… et l'hiver, quand il fait froid, enfiler un caleçon long sous son short pour se tenir chaud !

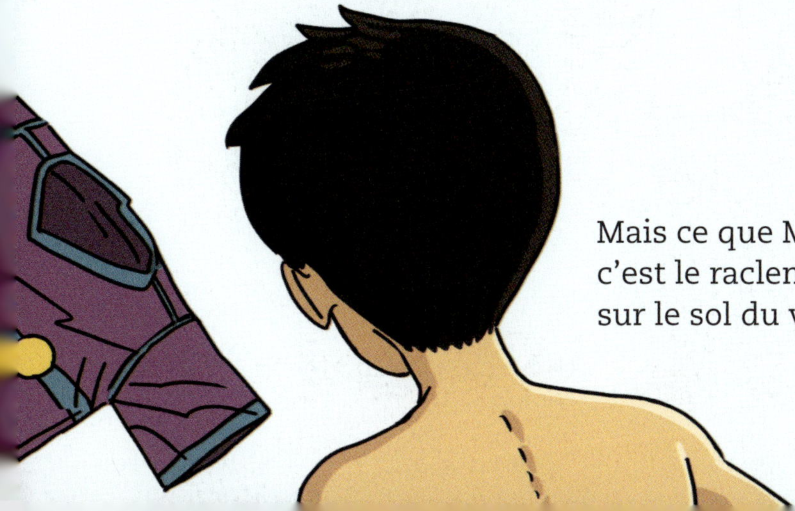

Mais ce que Martin préfère, c'est le raclement des crampons sur le sol du vestiaire.

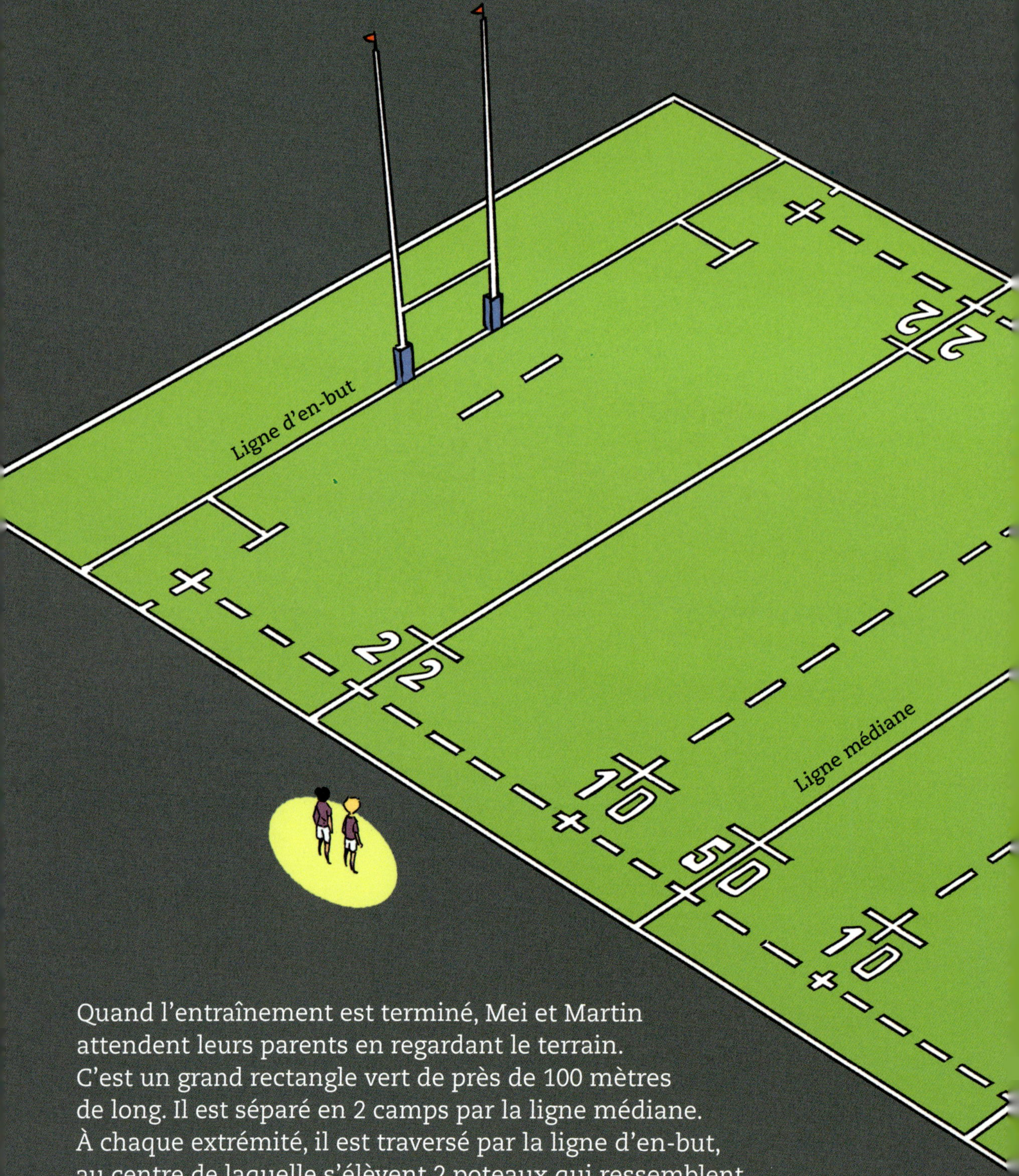

Quand l'entraînement est terminé, Mei et Martin attendent leurs parents en regardant le terrain. C'est un grand rectangle vert de près de 100 mètres de long. Il est séparé en 2 camps par la ligne médiane. À chaque extrémité, il est traversé par la ligne d'en-but, au centre de laquelle s'élèvent 2 poteaux qui ressemblent à des H. C'est derrière cette ligne qu'on doit poser le ballon pour marquer un essai !

– Tu savais qu'on pouvait
aussi jouer au rugby sur
du sable et de la neige ?
glisse Mei à son ami étonné.
Avant de partir avec son
père, Martin lance à Mei :
– Heureusement qu'à notre âge,
on joue nos matchs seulement
sur une petite partie du terrain...

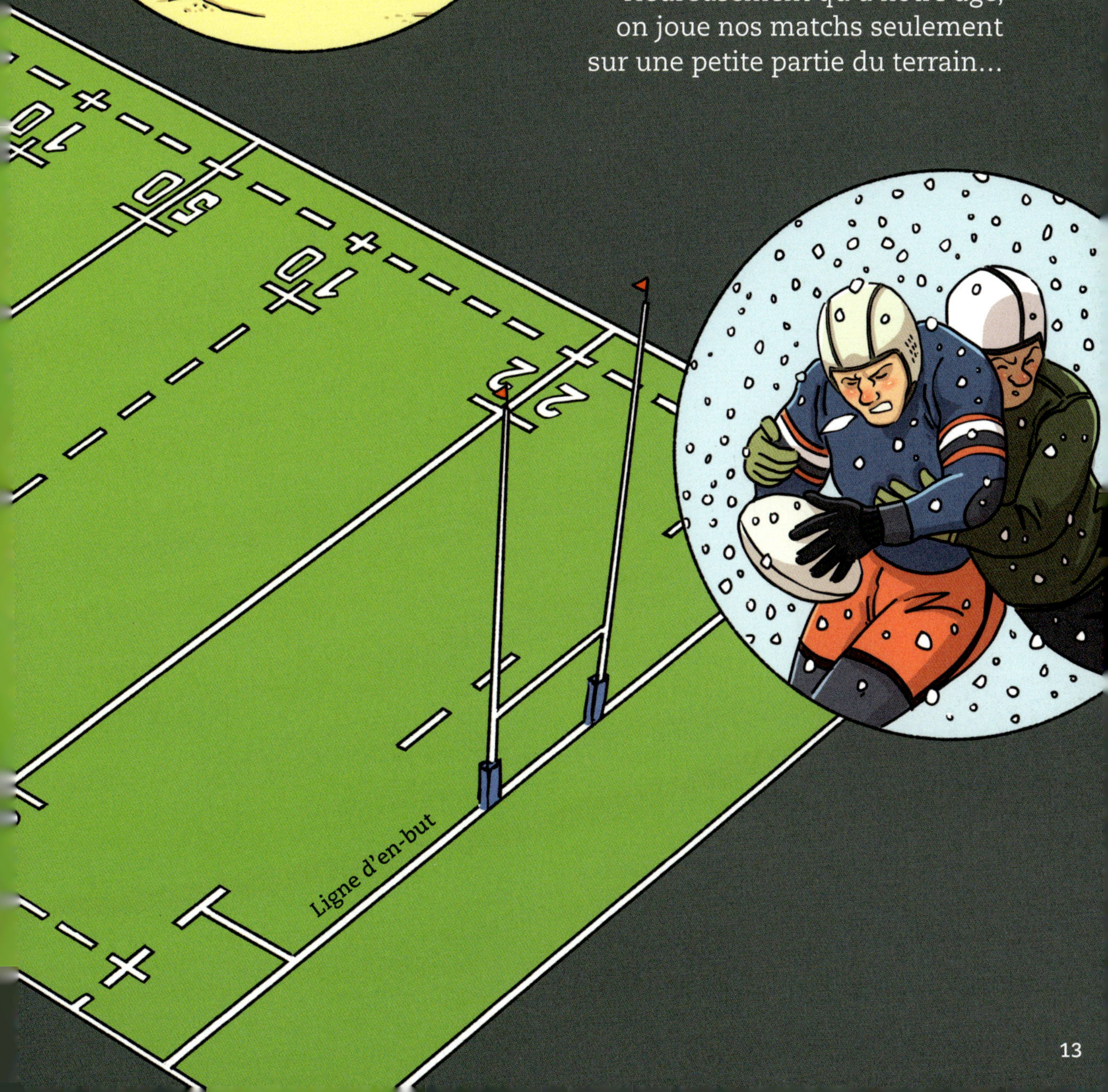

–Tu sais que le rugby aurait été inventé par un jeune Anglais, William Webb Ellis, qui aurait eu l'idée étrange de prendre un ballon de football dans ses mains ?
Martin fixe son père avec de grands yeux. Décidément, son nouveau sport n'a pas fini de le surprendre…

D'abord, le garçon a découvert qu'il existait plusieurs sports différents qui s'appellent « rugby ». Le jeu à 15 est le plus courant, mais on peut jouer aussi à 13, 10 ou 7 joueurs.

Il existe même le rugby fauteuil, qui se joue en intérieur et en fauteuil roulant, avec un ballon… rond ! Sur un espace qui fait la taille d'un terrain de basket s'affrontent 2 équipes de 4 joueurs. Celle qui remporte le match est celle qui marque le plus d'essais en 4 fois 8 minutes !

Ensuite, même si toute
l'équipe attaque et défend,
les rôles sont variés.

Les avants, en couleur
claire sur ce dessin,
sont chargés
de conquérir
ou protéger
le ballon.

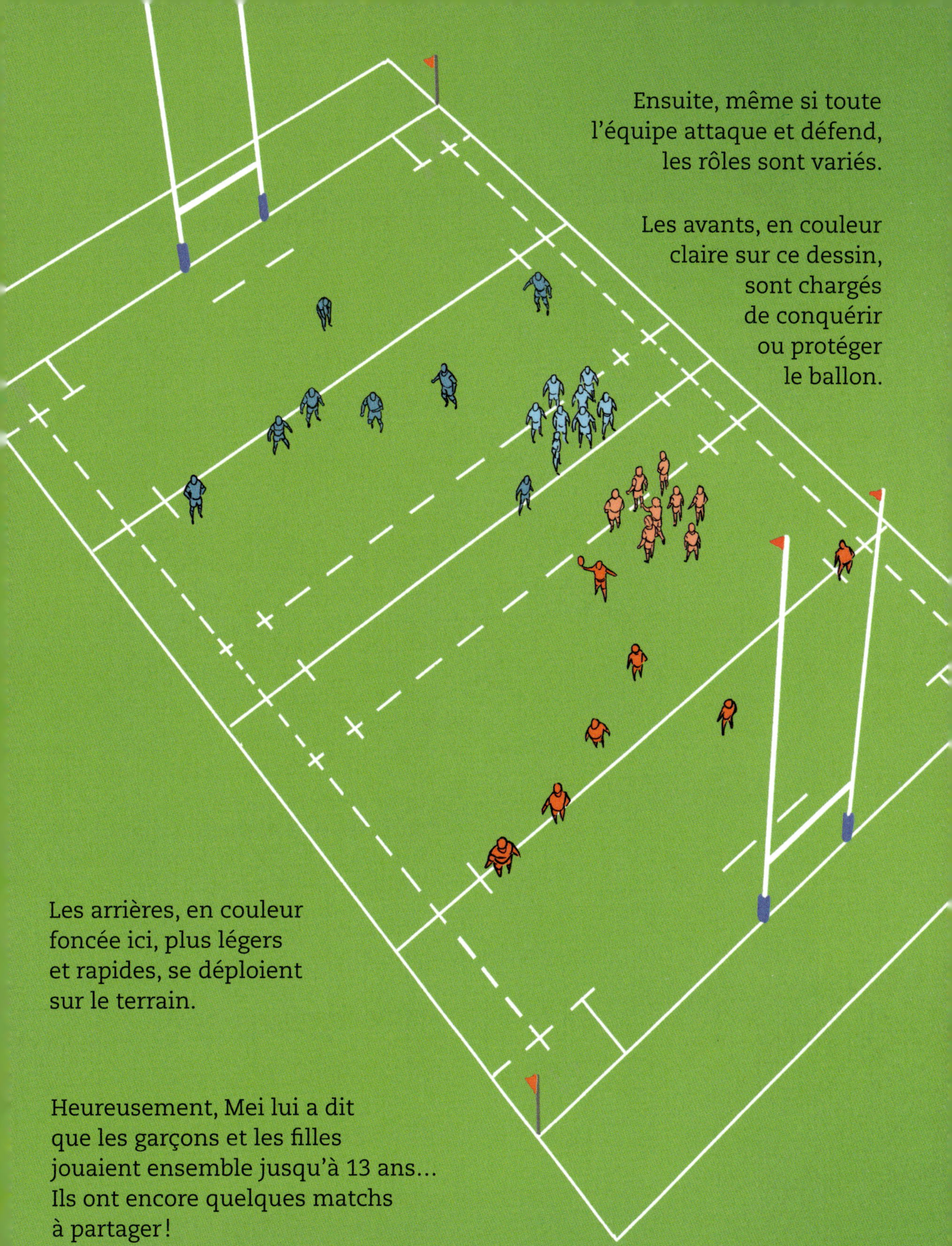

Les arrières, en couleur
foncée ici, plus légers
et rapides, se déploient
sur le terrain.

Heureusement, Mei lui a dit
que les garçons et les filles
jouaient ensemble jusqu'à 13 ans…
Ils ont encore quelques matchs
à partager !

Ce matin, Tristan accueille les enfants avec un grand sourire.
–La semaine prochaine, on joue le premier match de la saison !
Une bonne raison de réviser les bases…

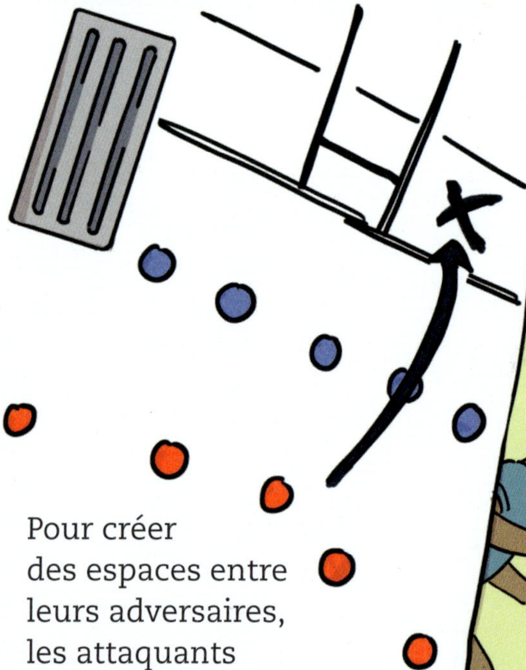

Au rugby, l'objectif est d'avancer en portant le ballon pour marquer un essai en face.

Pour créer des espaces entre leurs adversaires, les attaquants se font des passes. Mais attention : uniquement vers l'arrière !

Autre tactique, ils peuvent aussi taper le ballon au pied pour déplacer le jeu, mais à condition d'être adroits…

En fait, on ne s'organise pas pareil quand on a le ballon ou pas, a fini par comprendre Martin. En attaque, les joueurs se placent « en escalier » pour recevoir le ballon sans le transmettre vers l'avant et risquer de faire un en-avant.
CHALLENGE CU
En défense, l'équipe monte en ligne vers l'adversaire.
Et, dans tous les cas… on se parle beaucoup, car le rugby est un sport collectif !

Tristan rassemble les enfants.
– À votre âge, on ne compte que les essais. Mais qui sait comment on marque chez les grands ?
Mei répond immédiatement !

Un essai rapporte 5 points. En face de l'endroit où il a été marqué, on tente ensuite un coup de pied appelé « transformation ». Celui-ci rapporte 2 points de plus si le ballon passe entre les poteaux, dans la partie supérieure du H.

Au cours du jeu, on peut aussi taper un drop, qui vaut 3 points. Mais le ballon doit alors toucher le sol avant d'être botté !

Enfin, en cas de faute, l'arbitre siffle une pénalité. L'équipe qui en bénéficie peut tenter un coup de pied depuis l'endroit de la faute. S'il est réussi, il rapporte lui aussi 3 points.

–Alors, demande Mei à Martin, tu planteras combien d'essais, samedi ?

C'est le moment ! Martin entre sur le terrain. De l'autre côté du pré, Mei l'encourage. Justement, un joueur rouge reçoit le ballon et s'élance vers lui. Martin va devoir le plaquer… Le garçon fléchit les genoux et pense à ce qu'on lui a appris.

Dos droit, il projette au dernier moment son épaule au niveau de la taille de son adversaire. Ses bras agrippent son short, il se laisse tomber…

Et les 2 garçons roulent dans l'herbe ! Vite, Martin doit lâcher son adversaire !

À l'âge de Martin et Mei, le match dure environ 10 minutes. L'objectif ? Marquer plus de points que les adversaires ! Alors il faut courir, se porter au soutien de ses coéquipiers, se montrer solidaire et courageux.

Quand l'arbitre siffle la fin de la partie, Mei crie de joie et Martin lève les bras. Leur équipe vient de remporter le match 5 essais à 3. Quelle fierté !

Pour le féliciter, ses parents emmènent Martin au match des grands. Le garçon a la surprise d'y retrouver Mei… qui, incollable, commente chaque action.

–Regarde ! Les joueurs ont fait un en-avant, ils vont jouer une mêlée au même endroit. Les 8 joueurs les plus costauds de chaque équipe s'agrippent les uns les autres avant d'affronter leurs adversaires en les poussant. Le ballon est glissé au milieu des 2 groupes… et l'équipe qui parvient à le ramener vers l'arrière avec les pieds est celle qui peut le jouer !

Mais ce que Martin préfère, c’est la touche. Quand le ballon est sorti du terrain, les 8 mêmes joueurs se répartissent en 2 colonnes. 2 d’entre eux en soulèvent un troisième pour l’aider à capter le ballon lancé par le talonneur…

Et Martin en est sûr : un jour, lui aussi bondira vers le ciel pour capter la balle !

Martin observe l'arbitre, qui porte ici un maillot jaune.
– Tu as remarqué comme tous les joueurs la respectent ? souffle Mei.
En effet, le rôle de l'arbitre est essentiel. En assurant le respect des règles, elle permet que le match soit équitable et que la sécurité des joueurs soit assurée. Elle compte les points, commande les remises en jeu et surveille aussi le chronomètre : chez les grands, un match dure 80 minutes.

Si une règle n'est pas respectée, l'arbitre siffle une pénalité.
En cas de faute grave, elle peut sortir un carton jaune :
le responsable doit alors quitter le terrain pendant 10 minutes
sans être remplacé. Pour certaines fautes, un carton rouge exclut
même définitivement le fautif !
Mei tire Martin de sa rêverie :
–Viens, on va s'asseoir dans la tribune ! On verra mieux !

De là-haut, les enfants se rendent mieux compte des mouvements du jeu. Mais surtout, ils se trouvent brusquement plongés dans l'ambiance qui règne parmi les supporters des 2 équipes.

Autour d'eux, habillés aux couleurs de leur club, des adultes et des enfants encouragent leur équipe à pleins poumons. Avec humour, ils se taquinent, commentent le match et applaudissent aussi quand l'équipe adverse marque des points.

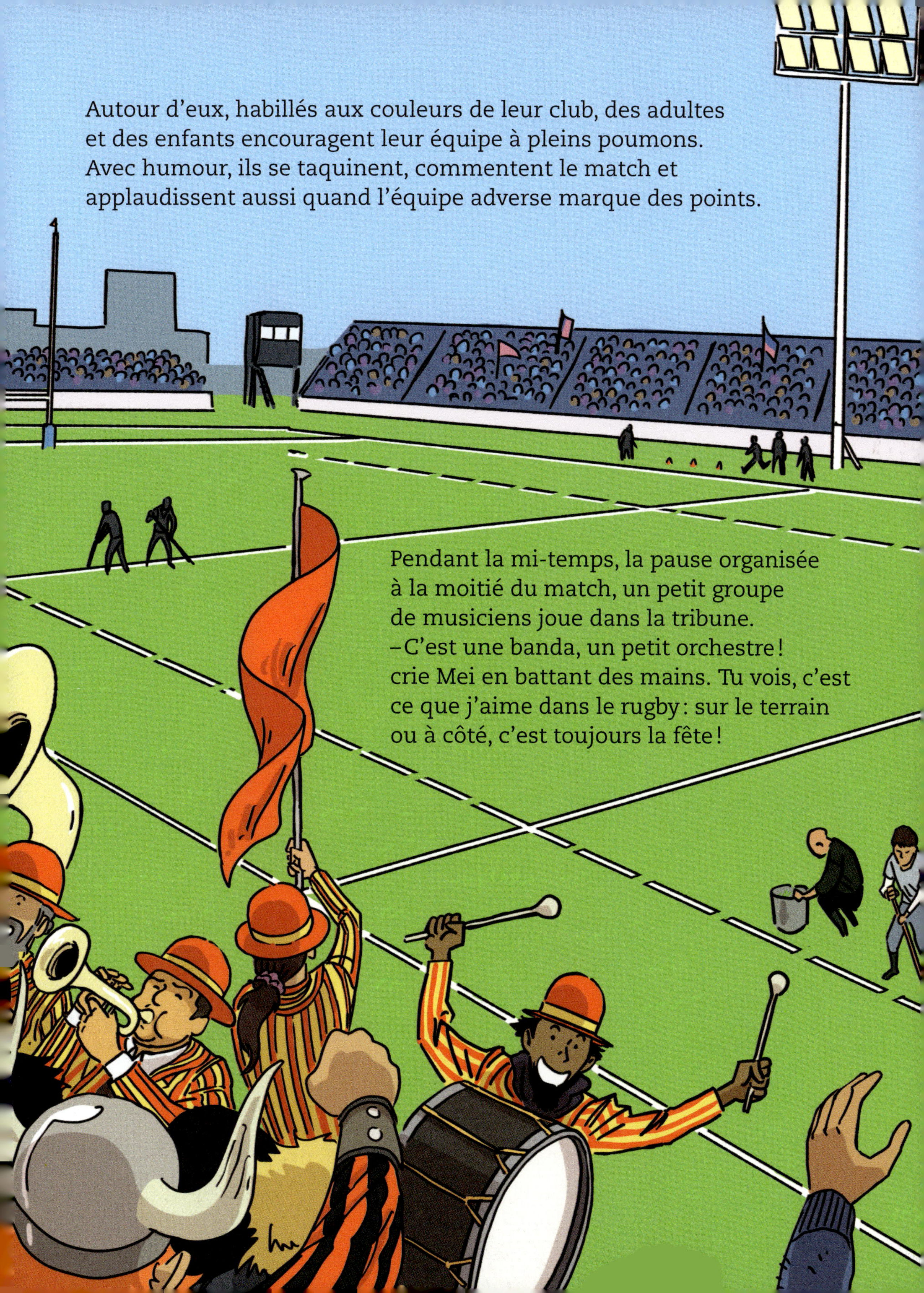

Pendant la mi-temps, la pause organisée à la moitié du match, un petit groupe de musiciens joue dans la tribune.

– C'est une banda, un petit orchestre ! crie Mei en battant des mains. Tu vois, c'est ce que j'aime dans le rugby : sur le terrain ou à côté, c'est toujours la fête !

Jouer au rugby est devenu un métier. Les clubs professionnels de villes ou de provinces s'affrontent ainsi dans des championnats nationaux.

Castres
Montpellier
Bordeaux Bègles
Perpignan

Toulouse
La Rochelle
Nanterre
Bayonne

Clermont-Ferrand
Toulon
Lyon

Pau
Paris
Brive

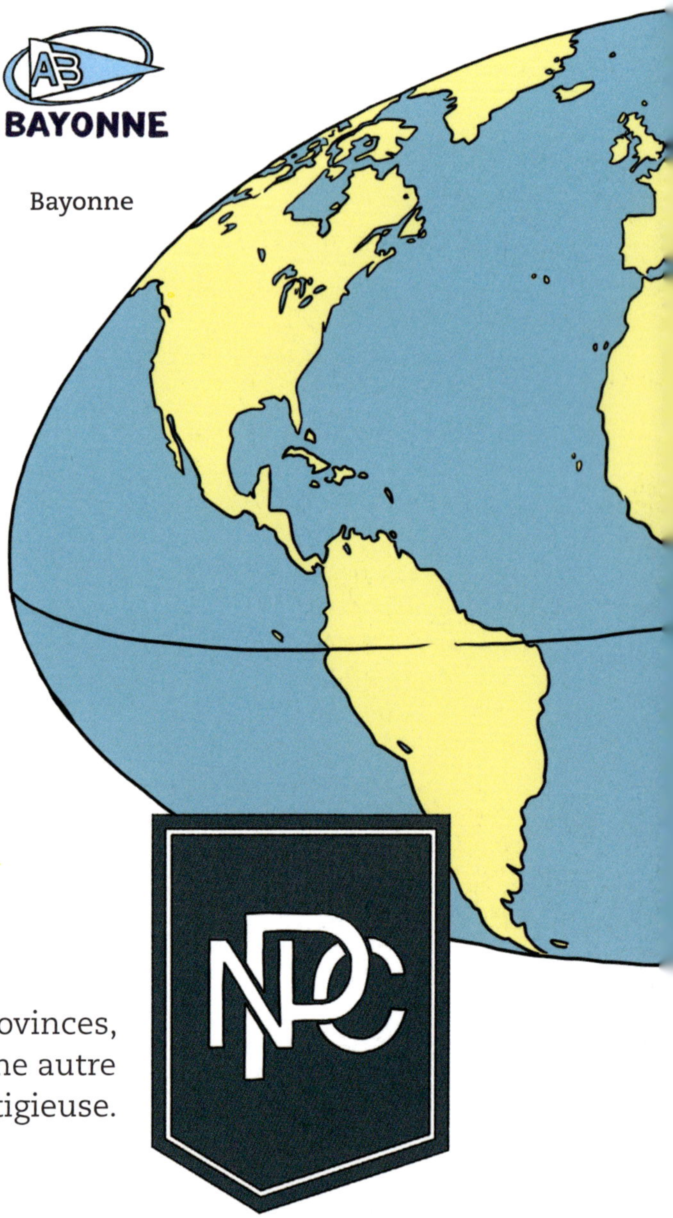

En France, le championnat de première division se nomme Top 14 et fait s'affronter les 14 meilleures équipes du pays.

Le Championnat des provinces, en Nouvelle-Zélande, est une autre compétition nationale prestigieuse.

CHAMPIONS CUP

Les meilleures équipes de chaque pays se rencontrent aussi entre elles. La Champions Cup est la coupe d'Europe des clubs.

SUPER RUGBY PACIFIC

Le Super Rugby Pacific rassemble les équipes d'Australie, de Nouvelle-Zélande et des Fidji.

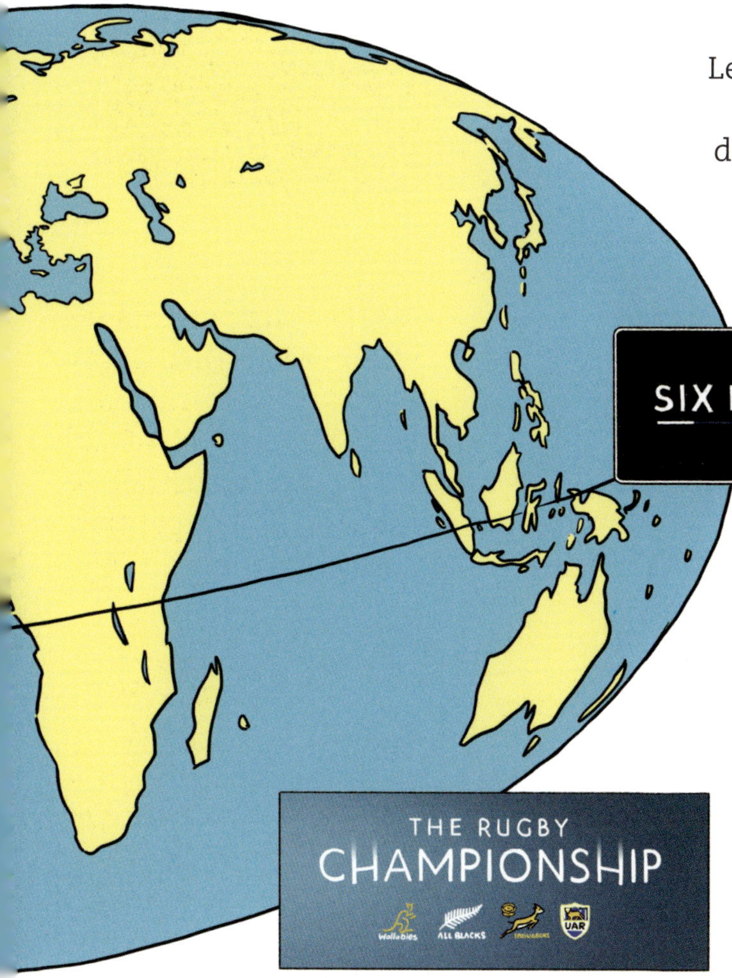

SIX NATIONS

Chaque année, les équipes nationales de différents pays s'affrontent aussi dans des compétitions très suivies. En Europe, il s'agit du Tournoi des Six Nations. Dans l'hémisphère Sud, c'est le Rugby Championship.

THE RUGBY CHAMPIONSHIP

Enfin, tous les 4 ans se tient l'épreuve reine : la Coupe du monde. Et en 2023, elle a lieu en France !

Chez les femmes, la première Coupe du monde date de 1991. Les Black Ferns, surnom de l'équipe de Nouvelle-Zélande, l'ont remportée 6 fois en 9 participations !

Depuis 1987, la Coupe du monde masculine réunit elle aussi les meilleures équipes nationales. L'Afrique du Sud a brandi 3 fois la coupe William Webb Ellis, comme la Nouvelle-Zélande. L'Australie a remporté 2 fois la compétition et l'Angleterre, 1 fois.

Le grand jour est arrivé. Mei et Martin ont des étoiles dans les yeux. Grâce à leur club, ils ont été invités au match d'ouverture de la Coupe du monde masculine au Stade de France : les Français vont rencontrer les terribles All Blacks de Nouvelle-Zélande ! Et si, cette année, la coupe était pour l'équipe de France ?

Tristan aime beaucoup discuter avec Mei et Martin. Et ce mercredi, il a décidé de leur parler des plus grandes équipes du monde.

England Rugby®

SPRINGBOK™

Wallabies

XV FRANCE

IRFU

Elles portent souvent un surnom qui vient de leur emblème. Pour l'équipe d'Angleterre, c'est la rose. Pour l'Australie, c'est le wallaby, un petit kangourou. Le springbok, une antilope de brousse, symbolise l'équipe d'Afrique du Sud. L'Irlande a choisi le trèfle. Les Français, eux, ne portent pas de surnom, mais leur emblème est le coq.

L'équipe la plus redoutée est celle des Néo-Zélandais : on les surnomme les « All Blacks » car, la plupart du temps, ils jouent « tout en noir ». Avant le coup d'envoi, ils effectuent toujours une danse guerrière maorie, le haka !

À ces grandes nations du rugby sont associés des stades mythiques comme Twickenham, en Angleterre, ou l'Eden Park, en Nouvelle-Zélande.

–Moi aussi, je jouerai là-bas…, murmure Mei.
Tristan acquiesce.
–Tous les deux, vous battrez des records ! Peut-être les 1 598 points marqués par Dan Carter pendant sa carrière ?
Ou les 69 essais de Daisuke Ohata avec l'équipe du Japon ?
Mei hoche la tête en souriant.
Puis elle prend Martin par l'épaule :
–Justement, c'est pas l'heure d'aller s'entraîner ensemble ?
À suivre…

À TOI DE JOUER

Maintenant que tu en sais plus sur le rugby, tu peux toi aussi rêver d'être un grand champion ou une grande championne !

Le rugby est devenu un vrai métier dans sa forme à 15 joueurs masculins en 1995 seulement. Et il ne l'est pas encore pour les femmes. Cela n'a pas empêché des personnalités exceptionnelles, professionnelles ou pas, d'illuminer ce sport par leur technique, leur courage et leur intelligence.

En 2021, le titre de « meilleur joueur du monde » a été décerné au Français Antoine Dupont.

Le rugby à 5, qui se joue sur un demi-terrain, est en plein développement. Il permet de jouer tous ensemble, garçons et filles de tous âges. Le plaquage y est remplacé par un toucher à 2 mains.

Histoire du rugby, collection de maillots légendaires… le World Rugby Museum de Twickenham, en Angleterre, regorge de trésors !

Le bouclier de Brennus est le trophée du championnat de France. Le Stade toulousain est l'équipe la plus titrée !

Tu veux découvrir ce sport ? Tu peux le pratiquer dans le cadre scolaire s'il est proposé comme activité du mercredi. Sinon, cherche un club qui dispose d'une école de rugby, par exemple en consultant le site de la Fédération française de rugby : www.ffr.fr.
Ta licence en poche, lace tes crampons, enfile ton protège-dents… et fonce sur le terrain !

SUIS LE FIL DU TEMPS

Dans la longue histoire du rugby,
voici 8 dates à retenir !

1823
Invention possible du rugby par William Webb Ellis.

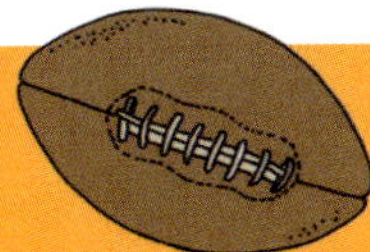

1871
Premier match international masculin à 15, opposant l'Angleterre à l'Écosse.

1910
Naissance du Tournoi masculin des Cinq Nations, qui devient Tournoi des Six Nations en 2000.

1987
Première Coupe du monde masculine en Nouvelle-Zélande, gagnée par les All Blacks.

1991
Première Coupe du monde féminine au Pays de Galles, gagnée par les États-Unis.

1995
Le rugby masculin devient un sport professionnel.

2016
Après 92 ans d'absence, le rugby revient aux Jeux olympiques sous sa forme à 7.

2023
Dixième Coupe du monde masculine en France.

AUJOURD'HUI

PARCOURS TA CARTE MÉMOIRE

Cette carte simplifiée résume ce que tu as vu dans ton livre. Elle t'aidera à te souvenir de tout !

LE RUGBY

LES ACTIONS

- MÊLÉE

- PASSE VERS L'ARRIÈRE

- ESSAI

- TRANSFORMATION

- TOUCHE

- PLAQUAGE

- DROP

LES VALEURS

- COMMUNICATION
- SOLIDARITÉ
- RESPECT
- COURAGE

LES PARTICIPANTS

- 2 ÉQUIPES

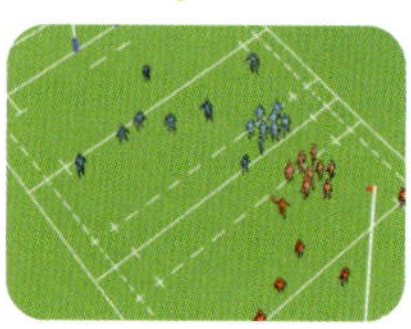

- SUPPORTERS

- ARBITRE

- ENTRAÎNEUR

LES DIFFÉRENTS TYPES DE RUGBY

NOMBRE DE JOUEURS

5 – 7 – 10 – 13 – 15

RUGBY SUR GAZON

RUGBY SUR SABLE

RUGBY SUR NEIGE

RUGBY FAUTEUIL

L'ÉQUIPEMENT

- BALLON
- MAILLOT
- SHORT
- PROTÈGE-TIBIAS
- CHAUSSETTES MONTANTES
- CHAUSSURES À CRAMPONS
- PROTÈGE-DENTS
- CASQUE

LE TERRAIN

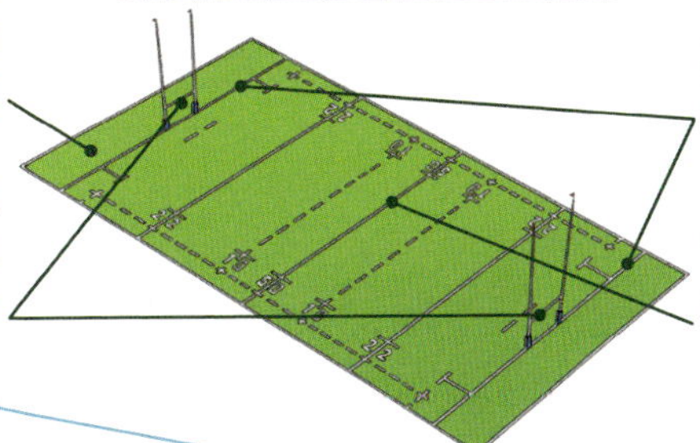

- 1 GRAND RECTANGLE (100 MÈTRES DE LONG)
- 2 POTEAUX EN FORME DE H
- 2 LIGNES D'EN-BUT
- 1 LIGNE MÉDIANE

LES COMPÉTITIONS INTERNATIONALES

- COUPE DU MONDE
- SUPER RUGBY PACIFIC
- TOURNOI DES SIX NATIONS
- CHAMPIONS CUP
- RUGBY CHAMPIONSHIP

Découvre aussi d'autres séries !

ma première série documentaire
LES DINOSAURES

Terrible tyrannosaure
Septembre 2023

Bébés dinosaures
Octobre 2023

ma première série documentaire
L'ÉCOLOGIE

Une Terre précieuse
Avril 2023

La Vie de la forêt
Mai 2023

ma première série documentaire
L'ÉGYPTE ANCIENNE

Ramsès II Pharaon immortel
Avril 2023

Mystérieuses momies
Novembre 2023

ma première série documentaire
L'ESPACE

La Ronde des planètes
Avril 2023

Navettes et fusées
Mai 2023

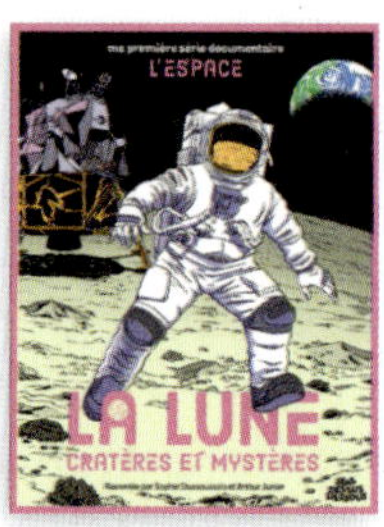

La Lune, cratères et mystères
Novembre 2023

LA COUPE DU MONDE DE RUGBY… COMMENT ÇA MARCHE ?

20 équipes sont classées en 4 poules, A, B, C et D. À l'intérieur de chaque poule, 5 équipes s'affrontent tour à tour. En fonction des victoires et des défaites, on détermine par un système de points un vainqueur et un second. Tous deux accèdent aux quarts de finale. Ensuite, chaque match est à élimination directe : ça veut dire que le gagnant continue la compétition et que le perdant est éliminé. Le tout jusqu'au match final !

LE CALENDRIER DES MATCHS

- Le match d'ouverture France – Nouvelle-Zélande : **8 septembre**
- Les matchs de poules : **du 8 septembre au 8 octobre**

LES QUARTS DE FINALE

14 octobre
Vainqueur poule C – 2e poule D
14 octobre
Vainqueur poule B – 2e poule A

15 octobre
Vainqueur poule D – 2e poule C
15 octobre
Vainqueur poule A – 2e poule B

LES DEMI-FINALES

20 octobre
Vainqueur quarts de finale 1 – vainqueur quarts de finale 2
21 octobre
Vainqueur quarts de finale 3 – vainqueur quarts de finale 4

LA FINALE

28 octobre
Vainqueur demi-finale 1 – vainqueur demi-finale 2

LA FINALE DE BRONZE

27 octobre
Perdant demi-finale 1 – perdant demi-finale 2

MAINTENANT, À TOI DE COMPLÉTER TON TABLEAU AU FIL DES MATCHS. BONNE COUPE DU MONDE !

COUPE DU MONDE DE RUGBY 2023 • TABLEAU DES MATCHS À COMPLÉTER

POULE A
FRANCE
ITALIE
NAMIBIE
NOUVELLE-ZÉLANDE
URUGUAY

VAINQUEUR :
SECOND :

POULE B
AFRIQUE DU SUD
ÉCOSSE
IRLANDE
ROUMANIE
TONGA

VAINQUEUR :
SECOND :

POULE C
AUSTRALIE
FIDJI
GÉORGIE
PAYS DE GALLES
PORTUGAL

VAINQUEUR :
SECOND :

POULE D
ANGLETERRE
ARGENTINE
CHILI
JAPON
SAMOA

VAINQUEUR :
SECOND :

QUARTS DE FINALE 1
VAINQUEUR POULE C :
SECOND POULE D :

QUARTS DE FINALE 2
VAINQUEUR POULE B :
SECOND POULE A :

QUARTS DE FINALE 3
VAINQUEUR POULE D :
SECOND POULE C :

QUARTS DE FINALE 4
VAINQUEUR POULE A :
SECOND POULE B :

FINALE 1

VAINQUEUR

FINALE

FINALE 2

FINALE DE BRONZE

VAINQUEUR
FINALE DE BRONZE

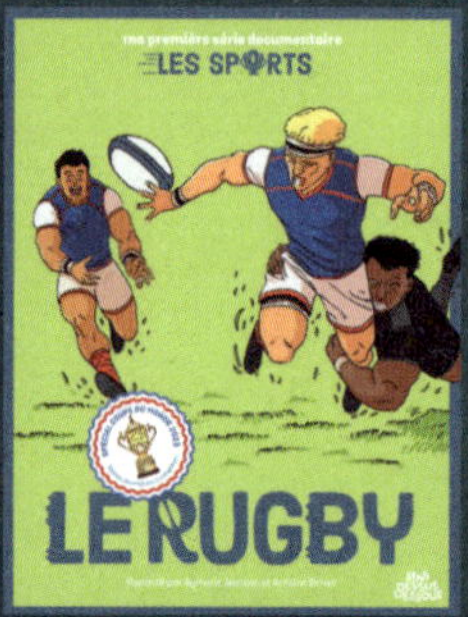

Le Rugby

ISBN : 978-2-38507-011-3

SENS DESSUS DESSOUS